AF226392

LA
FIN DE LA RÉPUBLIQUE

SES DERNIERS MOMENTS

par Michel PONS

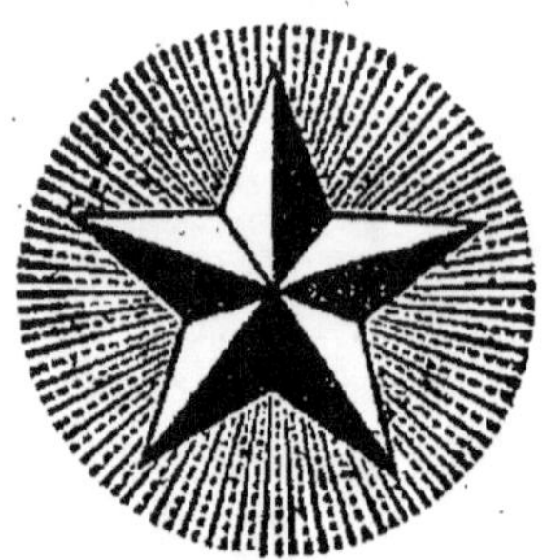

PRIX : 25 CENTIMES

EN VENTE

<table>
<tr><td>A PARIS
LIBRAIRIE PALMÉ
76, rue des Saints-Pères
ET A
LA SOCIÉTÉ DE BONNE PRESSE
7, rue du Cherche-Midi.</td><td>A NIMES
LIBRAIRIE OLLÉ
Passage Guérin
ET CHEZ
ASTRUC-BOUFFARD
9, boulevard des Carmes</td></tr>
</table>

AUX BUREAUX DU *JOURNAL DU MIDI* et de l'*ECLAIR*.

1885

AVIS

—

Les Comités conservateurs qui voudraient un certain nombre d'exemplaires de la *Fin de la République*, pour les faire distribuer dans le but de propagande, peuvent s'en procurer en s'adressant à MM. Michel PONS, à Bouillargues (Gard).

PRIX

1 exemplaire	0 fr. 25 c.; par la poste 30 c.	
10	—	2 fr. 25
50	—	10 fr.
100	—	18 fr.
500	—	80 fr.

LA
FIN DE LA RÉPUBLIQUE

SES DERNIERS MOMENTS

PAR Michel PONS

> La République ne peut pas faire le bonheur d'un peuple.
>
> (?)
>
> Bien fous ceux qui croiraient que la France peut se passer de Roi.
>
> (MIRABEAU).

Novembre 1884

NIMES

IMPRIMERIE TYPOGRAPHIQUE DUBOIS

rue Bernard-Aton, 2

1885

SOMMAIRE

CHAPITRE I.

CHAPITRE II.

CHAPITRE III.

CHAPITRE IV.

(1884-1885)

LA FIN DE LA RÉPUBLIQUE

SES DERNIERS MOMENTS

par Michel PONS

I

Le cri du Peuple

LA SITUATION DES OUVRIERS

La *Comédie Politique* de Lyon disait un jour : « La République est un terrain sur lequel poussent les abus comme les champignons sur le fumier. » Combien ce journal a dit vrai et combien, du reste, le gouvernement actuel abuse de l'ouvrier, en ne prenant aucune mesure pour atténuer la crise dont souffrent actuellement les ouvriers des villes et des campagnes. Dans la campagne, les paysans, les agriculteurs se plaignent qu'ils sont soumis à de trop forts impôts et que le prix du blé est tellement faible qu'ils ne peuvent pas arriver à bout de leurs affaires. De l'autre côté, les ouvriers des villes réclament du travail ; ils demandent et ils veulent sérieusement travailler parce que leurs femmes et leurs enfants sont à la veille de mourir de faim ; les uns s'émeutent et se révoltent, tandis que d'autres patientent tout en criant : Nous voulons du pain pour nous et pour nos familles.

Mais, comment voulez-vous que les patrons puissent occuper continuellement leurs ouvriers ? ils ne peuvent pas vendre leurs produits et leurs marchandises. Tout est arrêté , le commerce ne va plus ; les fabricants, les industriels étrangers nous font la concurrence — nous font la guerre. Depuis quatorze ans, tous nos voisins ont pris le pas sur nous : ils fabriquent aussi bien que nous et ils vendent moins cher. A mesure que nos affaires décroissent journellement, celles de l'Italie, de l'Angleterre, de la Belgique, de la Hollande, de l'Allemagne, en un mot, toutes celles des puissances voisines augmentent. Il a fallu un gouvernement imbécile pour faire dégringoler et réduire à la dernière extrémité le commerce et l'industrie français.

Tout n'est aujourd'hui qu'un monceau de ruines.

Les ouvriers ont été trompés ; ils avaient voté pour la République parce que les républicains leur avaient promis monts et merveilles. A qui remonte la responsabilité de cet abus ? Aux républicains eux-mêmes. C'est aux républicains qui, incapables de remplir leurs promesses, se sont contentés de partager les bonnes places et d'en créer de nouvelles pour les *frères et amis*. C'est aux républicains qui, au lieu de s'occuper des questions commerciales, industrielles et agricoles, ont passé leur temps à de vaines querelles politiques sans importance et sans fondement.

Depuis qu'ils sont arrivés au pouvoir, qu'ont-ils fait ? De quoi se sont-ils occupés ? Quelles sont, en un mot, leurs œuvres ? Ils n'ont rien fait — absolument RIEN — pour le pays et pour le peuple qui les a nommés. Pendant cet espace de temps, ils n'ont fait que tripoter les deniers publics — l'argent de la France — tout en se faisant eux-mêmes d'assez belles économies ; ils ont gaspillé les ressources du pays en votant des millions pour pensionner ceux qu'on appelle actuellement les « victimes du Deux-Décembre ». Ils ont déshonoré la France par des actes honteux, monstrueux et abominables, tels que : l'expulsion des religieux de leurs propres domiciles, la laïcisation des écoles des Frères et des Sœurs, la laïcisation des hôpitaux. Plus tard, ainsi que je l'ai dit plus haut, les « honnêtes gens » du Deux-Décembre sont pensionnés, le Christ chassé de l'école, la suppression de l'inamovibilité de la magistrature, plus de cinq cents honnêtes magistrats indépendants sont chassés de leurs sièges, adoption du divorce, etc., etc.

Pendant quatorze ans ils ont persécuté la religion et ses ministres.

Pendant quatorze ans, ils ont fait agir le brigandage et ils ont entassé injustices sur injustices.

Pendant quatorze ans, ils ne se sont occupés qu'aux bavardages des uns et des autres et ils n'ont mis leur temps qu'à de vaines discussions.

Voilà leurs actes, voilà leurs œuvres !

A-t-on fait quelque chose pour amoindrir la mauvaise situation des ouvriers ? Non ! non ! mes amis.

Décidément, il faudrait être borné jusqu'au dernier point pour ne pas comprendre que le gouvernement actuel se joue du peuple et des ouvriers comme un singe de sa queue. La preuve, c'est que depuis que nous sommes sous ce régime bâtard, arbitraire et illégal, aucune mesure concernant la crise ouvrière n'a été prise jusqu'à ce jour, et, il faut le dire : malheureusement la situation des ouvriers devient de plus en plus grave par suite de la panique qui existe en ce moment dans les grands centres industriels français.

Pas un de ceux qui se disent *les défenseurs du droit du peuple* n'a pu trouver le moyen nécessaire pour mettre fin à la panique industrielle et commerciale qui sévit si cruellement en France.

Toutes les belles paroles, toutes les vagues promesses, tous les discours menteurs qu'ils nous ont fait entendre avec tant de fracas à la veille des élections, se sont tristement fondus... ; mais les actes, savez-vous, ils restent encore à faire...

Oui, on s'est rendu compte de la conduite d'un homme du peuple — il y a quelque temps — alors qu'un grand nombre d'ouvriers sans travail s'émeutaient dans plusieurs villes, entre autres dans la capitale. On remarqua, à cette époque, l'honorable M. de Baudry-d'Asson qui, en cette critique circonstance, déposa immédiatement, sur les bureaux de la Chambre, une proposition tendant à demander au gouvernement un crédit de deux millions pour venir en aide à la situation déjà compromise des pauvres ouvriers sans travail et sans ressources. Ce vaillant défenseur de la bonne cause accomplit admirablement sa tâche en présence d'un pareil abus de la part de nos gouvernants ; il travailla ardemment et il se fit remarquer par son admirable conduite et par le dévouement dont il fit preuve à l'occasion de cette pénible et regrettable circonstance ; il s'efforça vivement et il fit ressortir avec ardeur les souffrances de la classe ouvrière. La proposition que M. de Baudry d'Asson déposa sur les bureaux de la Chambre consistait, comme je l'ai dit plus haut, à soulager les misères des pauvres malheureux ouvriers sans travail et sans appui ; mais, hélas !... tout son empressement et tous ses efforts furent vains, inutiles, car la majorité républicaine de la Chambre repoussa violemment cette juste et nécessaire proposition.

A l'heure actuelle, ce n'est pas seulement à Paris et à Lyon que les ouvriers souffrent et se plaignent du manque de travail, c'est dans toute la France en général ; les ouvriers languissent et sont fatigués de cette terrible panique républicaine dont nos gouvernants ont seuls la responsabilité.

Ouvriers, agriculteurs, commerçants, industriels, tout le monde en général, comprend aujourd'hui les bourdes et les mensonges qui ont été mis en œuvre par les cannibales qui gouvernent la France afin d'arriver au pouvoir. Nos gouvernants qui sont actuellement à la tête du pays ont trompé le peuple ; mais, heureusement, viendra un jour (et il n'est pas loin) où le peuple se reconnaîtra et maudira ces exploiteurs qui ne peuvent plus conduire les affaires du pays qu'à une désastreuse banqueroute.

Quelle horreur pour la France et quelle honte pour la nation !

De tous côtés, on aperçoit le déshonneur, la misère et la ruine.

De tous côtés, on entend crier les maux et les souffrances que la classe ouvrière endure. La coterie républicaine ne veut pas entendre ces cris plaintifs de misère qui parviennent de tous les côtés et de toutes les directions ; elle fait la sourde oreille et elle ignore si les ouvriers chôment.

Dernièrement, dans une réunion organisée à Lyon par les ouvriers sans ouvrage, l'ordre du jour suivant a été proclamé à l'unanimité : « Nous patientons encore, mais » le moment ne tardera pas à venir où nous devrons » forcer la main au gouvernement. » Voilà comment les ouvriers sont heureux sous le régime républicain.

Quelle prospérité !!!

Les républicains du jour nous avaient promis beaucoup de chose :

Ils nous avaient dit que la République ferait le bonheur des ouvriers et serait en même temps un gouvernement juste, libéral et économique ; ils avaient dit que cette même République nous apporterait la paix, la richesse et la prospérité nationale ; ils avaient enfin écrit et affiché partout les mots de *liberté, égalité, fraternité,* et malheureusement, à l'heure qu'il est, aucune de ces fariboles, aucune de ces bourdes gouvernementales qu'ils nous avaient racontées n'ont pu être exécutées par ces vampires et ces exploiteurs du peuple. Les pauvres ouvriers qui se sont laissés si tristement influencer par les charlatans républicains s'avisent maintenant que ces soutiens de Marianne n'ont aucun souci des intérêts de la classe ouvrière.

Pour donner une preuve exacte de la lâcheté dont se sont rendus coupables nos républicains au sujet de la négligence de la crise ouvrière, je reproduis ici certains passages d'un article, sur la situation des ouvriers, qu'un journal républicain n'avait pas craint de lancer à la face du gouvernement et de ses ministres. Comme on va le voir, ce n'est pas seulement nous, royalistes, qui nous plaignons de cet exécrable gouvernement, c'est tout le peuple, ce sont les ouvriers, en un mot, tous les Français honnêtes.

Voici comment s'exprime le journal républicain dont je veux parler.

« Si nous avions une Chambre vraiment soucieuse de
» la prospérité nationale, une majorité plus occupée des
» lois du travail que des potins d'antichambre ou des
» cancans de couloirs, un ministère plus attentif aux
» conditions de la vie dans les centres industriels, il y a
» longtemps que des mesures auraient été prises pour
» atténuer la crise. On serait parvenu évidemment à
» faire disparaître la misère et à effacer les déplorables
» conséquences de cette situation. »

Ce même journal continue plus loin à démontrer que la crise dont souffre actuellement la classe ouvrière pourrait être un grand danger pour la R. F.

Voici, en effet, ce qu'on lit plus loin :

« On s'est avisé un beau jour — il y a bientôt une
» année de cela — que la crise industrielle méritait d'être
» étudiée.

» La question est venue devant la Chambre. La majo-
» rité ministérielle a fait tout ce qu'elle a pu pour empê-
» cher le débat d'avoir une solution convenable. Le bon
» sens a fini cependant par l'emporter et une commission
» d'enquête a été nommée.

» Qu'a fait cette commission ?

» Elle a entendu un grand nombre de dépositions, elle
» a rédigé des procès-verbaux.

» Où est son rapport ? Où sont ses conclusions ? Où
» sont les projets de loi qu'elle propose ? Il n'a été
» question, jusqu'à ce jour, de rien de pareil et il ne
» faut pas songer voir cette commission aboutir avant
» l'année prochaine. Puis, quand un rapport aura été
» rédigé, il faudra traduire ses conclusions en projets de
» loi ; la Chambre statuera d'abord, puis le Sénat. Mais
» pendant ce temps, arrivera l'échéance du mois d'août
» 1885, c'est-à-dire les élections législatives, le renou-
» vellement intégral de la Chambre, — et ce sera tout à
» refaire, tout à recommencer !

» Les ouvriers sans travail ont le temps, comme on le
» voit, de mourir de faim.

» C'est là un des plus graves dangers qui menacent la
» République. A tout prix, il ne faut pas que les pro-

» chaines élections aient lieu en pleine crise : ce serait
» donner trop beau jeu aux réactionnaires. Il faut enfin
» que le Parlement sorte de la théorie pour entrer dans
» la pratique, au lieu de bavarder pendant des séances
» interminables sur des questions où les bavards n'ont
» que des portefeuilles à gagner ou à défendre , il faut
» résolûment affronter la difficulté et proposer des
» mesures immédiates. Il y a urgence. Ce n'est plus
» seulement une question politique, c'est surtout une
» question humanitaire.

» Evitons à la France les complications d'une guerre
» sociale, d'une guerre de classe, et tâchons que les
» populations affamées ne soient pas tentées de ne
» plus écouter les conseils de prudence et de modéra-
» tion. »

Voilà les appréciations d'une feuille républicaine du
Midi sur la situation actuelle des ouvriers ; au moment
où nous sommes, tous les Français sans exception sont
las de ce gouvernement de jongleurs, de satisfaits, de
jouisseurs, qui a compromis tout ce qui était sérieux,
respectable et honnête. A l'heure présente, il s'agit d'être
Français pour bannir et exclure ces républicains qui
dévastent les ressources nationales tout en se moquant
du pauvre peuple.

Dans une grande réunion des agriculteurs de France,
M. Pouyer-Quertier, ancien ministre des finances, parlant
de la terrible situation que nous subissons s'est exprimé
ainsi :

« Ne soyons donc pas étonnés qu'aujourd'hui toute
» l'industrie et toute l'agriculture soient dans la détresse.

» Quand la misère est aux champs, les ouvriers des villes
» chôment. C'est la détresse agricole qui engendre la
» détresse des grandes villes et de nos industries, ET
» TOUTES CES DÉTRESSES PROVIENNENT DE LA RÉPUBLI-
» QUE... »

Ainsi, voilà comment M. Pouyer-Quertier retrace la triste situation des agriculteurs et des ouvriers. M. Paul de Cassagnac, lui aussi, de son côté, dit, dans un article publié par le *Mutin :*

« Aux ouvriers, dit le vaillant député du Gers, nous
» montrerons la crise industrielle qui sévit dans toute sa
» rigueur.

« Les exemples sont partout, et on n'a qu'à se baisser
» pour ramasser des gens qui meurent de faim devant
» l'atelier qui chôme. Aux agriculteurs, nous rafraîchi-
» rons la mémoire. Ils se souviennent des promesses
» fallacieuses de dégrèvement.

« Ils voient leurs vins et leurs céréales anéantis par la
» concurrence étrangère. »

Voilà à quel point nous sommes tous réduits.

Les ouvriers nécessiteux et dans la misère ont le temps d'attendre les promesses gouvernementales.

En présence d'un pareil abus de la part de nos gouvernants, qu'avons-nous à faire, nous, ouvriers ? Quel devoir s'impose à nous ? — C'est tout simple : c'est de voter, aux prochaines élections législatives, pour les députés royalistes..... En nommant ainsi de bons candidats royalistes, nous aurons des hommes capables qui se préoccuperont de nos intérêts et de notre pitoyable situation...

Il faut tous — ouvriers, paysans, agriculteurs — se grouper autour de la Monarchie représentée aujourd'hui par Philippe de France, Comte de Paris, digne héritier d'Henri V.

L'avenir de la France est à lui.

Tous en chœur poussons le vieux cri d'autrefois :

Vive la France ! VIVE LE ROI !

II

La République pornographique

TAXIL, ZOLA ET Cie

Sous la République, la honte remplace l'honneur, le scandale remplace la morale.

Aujourd'hui, les honnêtes gens ne peuvent plus dire : République française….. mais bien : République pornographique, République des Taxil, des Zola, des Richebourg, des Matthey.

La littérature pourrie est décidément en vogue sous ce maudit gouvernement qui nous exploite, qui nous ruine et qui nous déshonore par dessus le marché , comme le disait naguère la vaillante et courageuse *Lanterne d'Arlequin*. Chaque jour, de nouvelles publications ordurières sont signalées. Chaque jour, nous apercevons sur les murs de nos rues et de nos boulevards d'immondes placards contraires aux mœurs qui scandalisent tout le monde.

Toutes les nations étrangères sont respectées, et ceux qui les administrent ne cherchent qu'à faire le bonheur des peuples qu'ils ont sous leur domination et évitent tout scandale qui pourrait se produire. Mais malheureusement la France ne peut se glorifier ainsi, car, d'abord, ceux qui détiennent le pouvoir pensent plutôt à ramasser des millions sur les ruines de la patrie que de se servir des lois existantes contre les placards ou écrits pornographiques.

En premier lieu, ce qui me fait dire que ceux qui dominent le pays ne sont pas honnêtes, c'est que, quand il s'agit de persécuter l'Eglise ou ses ministres, ils sont toujours prêts ; mais quand il faut prendre des mesures pour arrêter la circulation des romans orduriers qui envahissent aujourd'hui tous les points de la France, ils ne se gênent pas. Et toutes ces choses-là se passent sous la tolérance de nos gouvernants.

Les fabricants d'immondices, que j'ai nommés plus haut, sont joyeux de se faire ainsi des rentes — pendant que la France est déshonorée et que l'honneur du pays est compromis.

Ça va bien, disent tous ces coryphées de la pornographie. Regardez plutôt Taxil, oui, Taxil (de son vrai nom Jogand), le même Taxil qui a toujours essayé, par ses productions antichrétiennes et antisociales, de démolir le catholicisme. Cet ordurier croit tenir dans sa main l'arme nécessaire pour le réduire au néant. Pauvre idiot ! Il a beau vomir ses ordures contre l'Eglise, il ne parviendra jamais à détourner les hommes de foi ; ses attaques contre la religion catholique sont autant de coups d'épée dans l'eau. Il est assez connu dans le Midi ; on se rappelle les ridicules exploits qu'il fit naguère, alors que son fameux journal *le Frondeur* existait ; on se souvient aussi de sa condamnation à 60.000 francs et à l'insertion du jugement dans 60 journaux, que lui infligea la Cour d'assises de l'Hérault pour avoir publié un pamphlet contre N. S. Père Pie IX. Taxil, voyant qu'il ne pouvait pas faire fortune et s'avisant aussi que les méridionaux le considéraient selon son mérite, décampa du Midi et s'envola vers d'autres rivages qu'il croyait plus hospitaliers.

En effet, il alla se reposer dans la capitale où il établit, peu de temps après — nous allions dire une usine — une fabrique d'immondices qu'il exploite actuellement avec beaucoup de fracas. Ce triste personnage a beau jeu sous le régime actuel, mais aussi il en profite pour exploiter les nigauds qui achètent sa marchandise. Si le sieur Jogand (dit Taxil) continue de cette manière-là à jouer de la caisse, il pourrait bien se faire qu'avant peu il se considère comme le premier banquiste du monde.

Quand on pense qu'il a été excommunié, expulsé de la *franc-maçonnerie* comme ne pouvant y participer. Quelle horreur ! Donc, d'après les francs-maçons, Taxil est indigne. En attendant, il continue de vider son sac dans sa feuille pourrie qu'il appelle : *La République anti-cléricale*. Il s'agit d'être honnête pour flétrir la conduite de cet écrivassier en renom qui a cru devoir tourner en ridicule la Bible et tout ce qui est saint et sacré. Mais laissons-le pour un instant et revenons à la question principale.

Disons donc que le scandale est poussé à un si haut degré, que certains républicains honnêtes se plaignent et avouent que le gouvernement ne devrait pas tolérer la littérature pornographique.

Voici, en effet, ce que disait le journal *la République française*, au sujet de la tolérance de la pornographie ; l'appréciation de cette feuille est très juste :

« C'est qu'en effet la marée montante de la pornogra-
» phie ultra-réaliste devient tout à fait intolérable et que
» les romans à bon marché qui s'étalent à la devanture
» de certains libraires ne sont pas moins que les feuille-
» tons de certains journaux à un sou, un véritable péril,
» je ne dis pas pour la morale, mais pour la santé publi-
» que. »

Quel cri d'alarme pour une feuille à la dévotion du gouvernement actuel ! N'est-il pas injuste que la République laisse une pareille liberté à toutes ces mauvaises publications qui inondent presque toutes les librairies de France ? N'est-ce pas un scandale que tous ces pamphlets qui outragent la morale, qui nient Dieu, soient tolérés ?

Quand on voit ce même... Taxil se complaire à salir tous les personnages les plus honorables, les plus respectables de l'histoire, et les accabler des plus graves insultes calomnieuses ! Oh ! injustice ! Oh ! brigandage ! Que faut-il voir sous cet affreux gouvernement !!!

Jamais on n'a vu sous aucun autre régime ce que l'on voit sous celui de la République. Il faut que ceux qui la gouvernent se soucient peu de l'honneur du pays pour laisser ainsi publier et afficher toutes ces pourritures qui infectent aujourd'hui la France entière. Peu leur importe si la France est déshonorée et si nos enfants sont scandalisés. Il serait temps qu'on cherchât un remède pour mettre fin à cet état de choses qui prend une extension beaucoup trop considérable. Dans de pareilles conditions, comment voulez-vous que la République puisse exister plus longtemps ? C'est impossible, car les abus et les monstruosités qu'elle a commis et qu'elle a laissé commettre amèneront sans contredit sa trop tardive mais bienheureuse FIN.

Comme l'a dit **M.** Joseph Ménard, l'excellent chroniqueur du journal parisien *la Croix* : « Le flot du crime » monte, dit M. Ménard parlant de la mauvaise littérature. » Qui pourra s'en étonner ? Le flot monte, c'est l'effet. » La cause, elle est dans notre manque de courage. »

Oui, réunissons-nous tous, honnêtes citoyens, et vouons à la honte publique cet infâme régime.

Quand donc la France se réveillera-t-elle et reprendra-t-elle son ancienne renommée ? Quand donc le peuple comprendra-t-il que la République est le gouvernement de la honte, du déshonneur et du scandale.

L'heure du combat va sonner. Il faut à tout prix chasser les républicains du pouvoir et alors nous ne serons plus exposés à subir les ordures des Taxil, des Zola, etc., etc., et autres pamphlétaires du jour.

Mais, en revanche, l'année 1885 nous apprendra quelque chose sur l'avenir de notre chère France. Il faut que les élections générales qui vont avoir lieu bientôt aient un dénouement fatal pour la République et pour les républicains.

Le gouvernement que nous subissons est condamné par tout le peuple et par tous les Français soucieux de l'honneur de notre Patrie.

Et si cela continue, on peut dire que les glas funèbres de la République ne tarderont pas à se faire entendre. Aussi, déjà toute la gent républicaine est plongée dans une grande tristesse de voir ainsi la pauvre République à la veille de sombrer.

M. Thiers a dit : La République périra dans le sang ou dans l'imbécillité. Eh bien, on prévoit à cette heure, et nous pouvons avouer sans contredire M. Thiers, que la République périra dans la fange et dans l'ordure.

A coup sûr, le jour où le gouvernement que nous subissons disparaîtra, les Taxil, les Zola, etc., en un mot, tous ceux qui se sont engraissés au dépens des niais et des imbéciles auront vécu.

Et la fine fleur des républicains, qui joue si bien son rôle à l'heure actuelle, n'aura eu qu'un temps, car les électeurs consciencieux sauront accomplir leur devoir.

La jeunesse se réveille ! et l'avenir de la France est assuré !!!

En terminant ce chapitre, disons tous comme Mirabeau : « Bien fous ceux qui croiraient que la France peut se passer de ROI. »

A nous, Français, de mettre en pratique la parole du champion de la Révolution française.

III

La République ou la ruine du pays

LA FRANCE PILLÉE ET RUINÉE

Nous courons à la banqueroute ! disent les hommes compétents du jour, et en effet, tout nous annonce un prochain cataclysme financier. Les républicains ruinent la France par leur prodigalités, leurs dilapidations et leurs expéditions lointaines, si coûteuses. Oui, certainement, ils la ruinent de tous les biais, de toutes les manières, et ils la mettent véritablement au pillage. Aujourd'hui, on peut le dire hautement, les républicains tirent profit de la France comme les corbeaux d'une charogne. Ne voyez-vous pas, par exemple, l'ex-bijoutier en faux Tirard qui égara naguère, *par mégarde et sans le vouloir*, **un million**. Voilà encore un ministre de la R. F. !!! Et puis, Tirard est-il le seul tripoteur ? D'autres ne font-ils pas comme lui ?

Chaque année, nos dépenses sont supérieures à nos recettes d'une somme de cinq cents millions. L'or français est gaspillé avec un cynisme effroyable. Tout le monde peut se rendre compte et apprécier à l'heure présente la terrible et scandaleuse situation financière. Le désordre financier est au complet. Tout le monde peut s'en apercevoir.

Voici quelques extraits de l'article d'un journal conservateur de notre région, à propos du désastre financier dont nous sommes tous victimes en ce moment :

« L'argent de la France va à l'étranger. Nous achetons
» plus que nous ne vendons.

» Il en est des exportations comme des excédants de
» recette ; la France ne prospère que pendant les pério-
» des conservatrices : ainsi en 1872, 1873, 1874, 1875,
» le commerce a produit et a vendu, nos marchés ont été
» en activité, l'étranger y a afflué et a fait entrer en
» France 963 millions. Dès que les élections donnent la
» majorité aux républicains, l'argent disparaît : Du
» 1er janvier 1876 au 1er novembre 1883, les opérations
» commerciales avec l'étranger se chiffrent par un déficit
» de **huit milliards six cent trente millions**, sortis
» de France.

» Sous la Monarchie, chaque citoyen français payait
» environ, par an, 25 fr. d'impôt.

» Sous la troisième République, chaque citoyen paie
» 107 fr. en moyenne.

» C'est le Français qui de tous les habitants du monde,
» paie le plus cher le droit de vivre. En voici la preuve :
» L'Américain paie 59 fr. ; l'Anglais, 57 ; l'Allemand,
» 54 ; le Belge, 46 ; l'Autrichien, 44 ; le Russe, 36 ;
» l'Espagnol, 33. A un autre point de vue, la France paie

» autant d'impôts que l'Italie, l'Espagne, le Portugal, la
» Belgique, la Hollande, la Suède, la Norwège et la
» Suisse réunis. Le quart de la totalité des impôts payés
» par les peuples de l'Europe est fourni par le peuple
» français.

» Et pourquoi ces impôts qui écrasent la population ?
» Parce que les républicains nous exploitent et nous
» dévorent avec une effronterie et un cynisme qui n'ont
» été jamais poussés si loin. Le gouvernement a bien su
» ce qu'il faisait en demandant au Sénat de voter en
» quatre jours le plus lourd budget que la France ait
» encore connu : il a voulu étouffer tout contrôle.

» En 1789, le déficit n'était que de 56 millions.

» Aujourd'hui, il est de 588 millions !

» Le budget de la République est six fois plus élevé
» que celui de la Monarchie de Louis XVI et trois fois
» plus que celui de la Restauration.

» En 1816, Louis XVIII voulut payer sa part des
» sacrifices imposés par l'invasion du pays ; il fit remise
» au Trésor de 11 millions : 8 millions pour lui, 3 pour
» les princes de sa familles ; et il renouvela ce sacrifice
» deux fois : en 1817 et en 1818. Quant à Charles X, il
» paya de ses deniers une pension de 500 à 1.200 fr. aux
» familles pauvres.

» Qu'a fait pour le peuple la République ? On peut
» comparer l'emploi des listes civiles royales aux curées
» scandaleuses des républicains.

» La Restauration avait dégrevé de 90 millions l'impôt
» foncier ; les 45 centimes ont rendu légendaire dans les
» campagnes le gouvernement de 1848.

» Depuis 1870, cinquante millions sont dépensés en
» plus, chaque année pour le traitement des fonction-
» naires républicains ; mais aussi la République actuelle
» vient de frapper 41 département d'un nouvel impôt de
» 11 millions.

» Tous ces chiffres condamnent la République et pro-
» clament la Monarchie.

» Le déficit, la dilapidation et la ruine sont dans le
» tempérament de la République.

» Rétablir l'équilibre du budget, c'est rétablir la
» Monarchie.

» Le pays continuera à être exploité, pressuré, ruiné,
» tant que l'on ne se décidera pas à prendre la question
» par son véritable côté. Peu importe le ministère ; ce
» qui importe, c'est le gouvernement. La France souffre
» non des hommes qui dirigent la République, mais de
» la République elle-même.

» Renversez la République et la France se relèvera. »

Les lignes qu'on vient de lire suffisent pour démontrer
le gâchis dans lequel la France est plongée.

Les auteurs de la débâcle financière et de la ruine de la
France sont : Grévy, Ferry, Freycinet et Cie. Ce sont eux
qui ont eu l'audace d'augmenter les hauts fonctionnaires
de cent millions. Ce sont eux qui endettent le pays
chaque année de quatre ou cinq cents millions et qui
augmentent sans cesse les impôts au point de faire payer
aux contribuables le quart, le tiers et même la moitié de
leurs revenus. Ce sont toujours ces mêmes républicains
qui s'enrichissent pendant que la France s'appauvrit et
pendant que les ouvriers sont réduits à la famine.

Maintenant, le peuple est convaincu que la République est le gouvernement de la misère et de la ruine.

M. Tirard, voyant dégringoler la caisse de la République, trouva un moyen bien simple ; et, en effet, il décida que le droit d'émission des billets de Banque de France serait augmenté de trois cents millions.

Voici comment M. Leroy-Beaulieu apprécie, dans son journal, *l'Economiste Français*, ce droit d'émission de nouveaux billets de Banque :

« L'état de nos finances, dit M. Leroy-Beaulieu, com-
» mençant à être bien connu, on y cherche, de tous
» côtés, des remèdes. Il y en a un qui est tout simple et
» dont il semble qu'on ne veuille pas s'aviser : c'est de
» réduire le gaspillage inouï auquel on s'est complu
» depuis cinq ou six ans.

» Les projets les plus étranges sont dans l'air.

» On se croirait vraiment revenu soit à la fin du siècle
» dernier, soit en plein Moyen-Age, tellement on prête
» au gouvernement des fantaisies étranges.

» L'un dit qu'il est question de refondre toutes les
» monnaies d'or de France ; l'autre que le gouvernement
» veut élever au chiffre de trois milliards deux cents
» millions la limite d'émission des billets de la Banque
» de France.

» Est-ce que par hasard on voudrait refaire de la
» fausse monnaie.

» Ou bien voudrait-on rétablir graduellement les
» assignats en empruntant à la Banque son dépôt de bons
» du Trésor, d'obligations de chemins de fer ou d'un
» papier quelconque, soit un milliard cinq cents millions ?

» Pourquoi veut-on supprimer une limite d'émission
» des billets de Banque ?

» Il ne peut y avoir qu'une raison à une politique aussi
» imprudente : c'est que l'on a le projet vague et indis-
» tinct, si l'on veut, de faire à la Banque des emprunts
» au profit du Trésor.

» Après avoir détruit notre équilibre budgétaire, après
» avoir fait fléchir de 10 à 12 %, le cours de nos fonds
» publics, on irait encore compromettre la sécurité de
» notre circulation fiduciaire et se priver de la seule
» ressource qui reste pour les temps de grandes épreuves
» et des catastrophes ! »

Ainsi voilà comment M. Tirard se rattrape.

Par cet acte, on peut se rendre compte de la manière
dont nos finances sont gérées sous la troisième République. Si M. Tirard continue ainsi, l'ère des assignats
avance et arrivera bientôt, et il est probable que ce dernier système conduira la France à une terrible banqueroute.

Le *Français*, journal de Paris, l'a bien dit : « La République a violé son serment. Elle devait être le régime de
l'économie, elle a été le régime des dilapidations et du
gaspillage. »

Dans le *Pays*, M. Paul de Cassagnac s'exprime en ces
termes :

« Il faut des ministères avec vingt-cinq chefs de bureau
» et sous-chefs, pour trente-cinq employés, comme
» au ministère des cultes et comme aux beaux-arts.

» Il faut que les ministres, naguère éculés comme
» leurs souliers, aient des rentes et des châteaux.

» Il faut que l'armée des fonctionnaires coûte cent
» millions de plus par an que sous l'Empire.

» Mais un Roi, un Empereur, à qui l'on donnerait
» aujourd'hui cinquante millions de traitement, nous
» économiserait encore le double de l'argent, et surtout
» le centuple de l'honneur, qui coulent tous les jours de
» la bourse et du cœur de la patrie !

» Le jour où la République tombera, on n'aura qu'à
» prendre les républicains repus, au point d'être gonflés,
» et les presser sous les rouleaux qui tassent les cailloux
» des routes ou seulement les presser sous le talon de
» botte pour en extraire tout ce qu'ils ont absorbé,
» mangé, bu, sucé de la France !

» Et l'or ruissellera de toutes parts comme des outres
» éventrées ou des barils défoncés.

» Pareils à des sangsues, il sera nécessaire de les faire
» dégorger. »

Voilà la vérité sur les tripotages financiers dont nous
sommes témoins en ce moment.

Jamais la France n'avait été réduite à une si déplorable
situation au point de vue financier.

Les vols, les escroqueries, les filouteries qu'on voit de
ses propres yeux, journellement, dénotent combien les
aigrefins qui nous gouvernent sont peu soucieux de la
décadence financière dont la France souffre actuellement.

Moyennant qu'ils remplissent leurs poches, qu'est-ce
que cela peut leur faire que le pays coure à la banqueroute ? Ainsi que l'a dit encore M. de Cassagnac :

« Après eux le déluge ! »

Et puis on nous dira que la République est le gouvernement de l'économie. On ne peut se faire une idée de
la manière dont nos finances sont tripotées par ces habi-
les gouvernementaux.

Les escamoteurs qui détiennent le pouvoir à l'heure
actuelle, sont incapables d'administrer les deniers publics.
Ils ont ruiné la France en jetant une partie de nos ressources dans des gouffres ruineux.

Depuis trop longtemps on détrousse les pauvres contribuables par d'énormes impôts.

Eh bien ! puisque la République ruine la France, puisque les républicains deviennent millionnaires, pendant
que notre belle patrie fait des emprunts, il faut que les
agriculteurs, les ouvriers, les commerçants, les industriels, tous ceux qui sont écrasés sous les lourds impôts,
votent aux élections législatives pour les candidats
royalistes ; en ayant ainsi de bons représentants à la
Chambre, il est certain que tout le peuple sera satisfait
et la France renaîtra du milieu de ses cendres.

Oui, bannissons du pouvoir tous ces hommes qui ont
trempé leurs mains dans les tripotages ! Débarrassons-
nous de cette clique et alors la République s'effondrera
comme un château de cartes.

III

La Fin de la République.

—

CONCLUSION

A l'heure présente la France est devenue le repaire des criminels et des filous.

Mallet, Bistord, Cartouche, Mandrin, tous ces personnages célèbres par leurs vols ou par leurs crimes seraient des saints à côté des pillards et des pendards qui font fortune au détriment de la France.

Concussion et prévarication, voilà leurs devises !

Il suffit d'examiner la situation financière actuelle pour constater le piteux état dans lequel les républicains ont mis le pays. Pourquoi 9 millions pour pensionner les prétendues victimes du 2 décembre ? On aurait bien pu faire cette économie, mais comme les républicains sont leurs soutiens il faut que les intérêts de la France en dépendent.

C'est ignoble que notre si chère patrie soit sous la domination de ces audacieux cumulards.

Jamais les républicains n'avaient montré tant d'audace, tant d'impudence, tant de lâcheté comme à l'heure actuelle.

Jamais le peuple n'avait été si mal traité qu'aujourd'hui.

Partout le peuple souffre !

Partout les ouvriers s'agitent !

La panique s'accentue et devient générale.

Au village, les paysans meurent de faim et les agriculteurs sont écrasés sous de lourds impôts ; ils se plaignent en même temps que le prix de leurs céréales est loin d'être rémunérateur.

A la ville, les ouvriers sont sans travail, partant sans pain et sans ressources ; et les industriels voient leur commerce anéanti par la concurrence des puissances étrangères.

Voilà la véritable situation à laquelle le gouvernement républicain a réduit notre beau pays !

D'ailleurs, la République est un gouvernement qui n'a jamais fait quelque chose de bon.

Qu'on consulte l'histoire et qu'on remonte à sa première apparition, c'est-à-dire en 1789, on trouve les horribles forfaits qu'elle a commis : guillotines, noyades, mitraillades, etc., etc., tout était mis en œuvre. Quand on passe en revue la nomenclature de ces terribles évènements, on frémit de honte, on tremble d'émotion ! On retrouve aussi les journées lugubres que la France a subies sous la Révolution française.

Marat, Danton, Robespierre, tous ces metteurs en scène du désordre, jadis, s'illustrèrent par leurs lâchetés et par leurs agissements monstrueux.

Veut-on parler de la deuxième apparition qu'elle fit en 1848 ? on voit tout de suite les fameux 45 centimes.

Arrivons maintenant à sa troisième apparition en 1870.

Dès que les républicains arrivent au pouvoir, nous voyons surgir immédiatement l'ère de la ruine et du gaspillage ; les abus se succèdent les uns aux autres.

Les Gambetta, les Constant, les Cazot, les Farre, chacun joue sa pièce, et ainsi de suite..... Guerre à Dieu, guerre à la religion et à ses ministres, en avant toujours, ils continuent cette triste besogne.

A tout prix, ils veulent arriver à la séparation de l'Eglise et de l'Etat. Y arriveront-ils ? Peut-être non, car la République aura vécu avant que cet acte révoltant soit commis.

Tandis que les républicains se donnent la peur pour lutter contre nous aux élections législatives, notre parti royaliste se prépare à engager la lutte et à livrer bataille. On peut dire que jamais le parti monarchiste n'avait mis tant d'ardeur, tant de courage, tant de dévouement pour combattre la République.

A l'œuve ! A l'œuvre ! tel est le cri qui retentit d'un bout à l'autre de la France.

De notre côté, chacun aidant, nous pourrons sauver le pays.

En attendant, la République est entrée en agonie, — elle est à ses derniers moments — elle est à sa FIN.

Bouillargues, 12 janvier 1885.

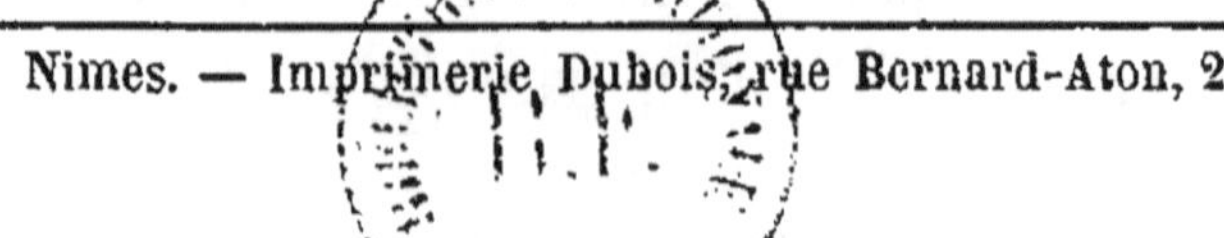

Nimes. — Imprimerie Dubois, rue Bernard-Aton, 2.